AF495326

DISCOURS

PRONONCÉ

A L'ÉGLISE DE SAINT-THOMAS,

AUX OBSÈQUES

DE M. REISSEISSEN,

DOCTEUR EN MÉDECINE, MÉDECIN EN CHEF DE L'HOSPICE DES ORPHELINS,

PAR

M. J. MATTER,

DOCTEUR EN THÉOLOGIE, PROFESSEUR A L'ACADÉMIE DE STRASBOURG.

STRASBOURG,

IMPRIMERIE DE M° V° SILBERMANN, PLACE St-THOMAS, N° 3.

1828.

DISCOURS

PRONONCÉ AUX OBSÈQUES

DE M. REISSEISSEN.

Nous devons prononcer quelques paroles devant ce cercueil, afin que tous ceux qui entourent les restes d'un ami qui nous fut cher à tant de titres, puissent prendre une part entière à notre édification comme à notre douleur.

Et comment la religion refuserait-elle quelques paroles devant les restes d'un homme, qui a fourni une carrière aussi édifiante, et qui ne l'a fournie si belle, que parce que la religion a été la source de ses vertus? C'est, en effet, dans les lumières, dans les bénédictions de cette fille du ciel qu'il a puisé les inspirations les plus généreuses qui ont rempli son âme, les plus nobles sentimens qui ont fait battre son cœur! Et lorsque les vertus du mortel prennent leur source dans cette sublime union avec l'Être suprême, qui constitue la religion, qui en est la fin dernière, elles sont plus éclatantes, parce qu'elles sont plus désintéressées; elles sont plus invincibles, parce qu'elles prennent leur force plus haut.

Telles ont été celles de notre ami. Comment la religion en a-t-elle été la source fécondante?

Dieu l'a conduit à la religion dès sa jeunesse; il a consacré à Dieu toute la carrière qu'il a faite parmi nous.

C'est sous ce double point de vue qu'il convient d'envisager sa vie. Ce ne sera pourtant pas pour faire son éloge; son ombre offensée, plus chaste et plus sévère encore sous les voiles de la mort qui la couvrent, repousserait des éloges qu'il n'a jamais prodigués pour d'autres. Aussi n'est-ce pas pour l'honorer; c'est pour graver plus profondément dans notre mémoire l'image de sa belle âme, que nous en rassemblerons les traits principaux.

Sa plume savante a laissé des détails sur sa vie civile; elle en a laissé d'autres sur sa vie physique; son œil y a suivi, du regard le plus scrutateur, la nature de son organisme et la marche de ses souffrances. S'il nous avait initiés aussi aux mystères de sa vie intérieure, religieuse et morale, dans quel sanctuaire imposant il nous eût conduits, quel ange nous y aurions contemplé sous les formes d'un mortel! Mais, non, il eût voilé son âme modeste devant nos regards! D'ailleurs ni lui-même, ni aucun mortel n'eût connu cette âme dans toute sa pureté. Car, tels sont les desseins secrets de la Providence: tant que les formes terrestres nous enveloppent, nous ne nous connaissons qu'obscurément, et souvent nous nous méconnaissons. Mais quand ces formes, ces moules imparfaits de notre être spirituel sont brisés, l'âme apparait dans tout son éclat, et la mort, dans ce sens aussi, nous révèle la vie. Le Sauveur lui-même n'a été connu de ses propres disciples que lorsqu'il fut glorifié par la mort.

Eh bien, la mort a brisé les formes terrestres de notre ami, et elle nous laisse voir sa vie religieuse dans toute sa beauté.

Nous disions d'abord que Dieu l'a conduit à la religion dès sa jeunesse.

En effet, il l'a fait naître dans une de ces familles qui considèrent la vertu comme un patrimoine; il l'a fait instruire dans cette antique école de notre cité qui a toujours formé des hommes distingués par leur piété et leurs lumières; il a donné à son âme encore jeune le spectacle de ces grandes commotions qui ont bouleversé, avec notre royaume, tant d'autres empires; il l'a arraché des écoles pour le conduire aux camps, et des camps pour le précipiter dans les fers; il l'a enlevé plus tard à des études qui flattaient son ambition pour l'attacher à cette carrière de dévouement, à ce respectable ministère que nos souffrances rendent souvent si pénible, si grave et si périlleux. Et quand le jeune élève de la Providence eut fait le sacrifice de ses projets les plus chers; quand il se fut voué aux études médicales avec une docilité qui ne l'a jamais quitté dans sa vie, et dont jamais il ne s'est fait un mérite, la mesure de ces abnégations, qui élèvent l'âme au-dessus d'un monde qu'on ne voit jamais donner ce qu'il promet; n'était pas encore comblée pour lui. Déjà il avait suivi les leçons des savans les plus distingués de sa ville natale et d'une autre académie; il allait recueillir, dans plusieurs capitales de l'Europe, les trésors de la science et l'expérience des hommes, lorsque la Providence l'appela auprès d'un père accablé d'une affligeante maladie. Et quand ce père, objet d'une longue sollicitude, fut enfin délivré de ses douleurs entre les bras d'un fils si dévoué, une mère souffrante, une belle-mère, dont notre ami parle, dans ses dernières lignes, avec la vénération la plus tendre, réclama une série nouvelle de ces soins qui ne sont pas des sacrifices pour un fils, mais qui en seraient pour tout autre. REISSEISSEN remplit encore ces devoirs que lui ménageait la main de Dieu, qu'elle lui imposait, sans doute, pour le faire passer par toutes les épreuves, afin de pouvoir l'enrichir de tous les dons.

En effet, ses études ne souffrirent point de ces devoirs. Elles furent profondes, elles furent brillantes. Il était encore à cet âge où le savant a besoin de suffrages illustres pour avoir confiance en lui-même, lorsqu'une académie célèbre couronna son premier ouvrage, celui où il fait connaître avec tant de perspicacité cette partie si délicate du corps humain, qui est le siége de tant de maux et de maux si douloureux. Bientôt il ne se borna plus à l'étude de l'homme physique; il voulut connaître l'homme tout entier, l'homme appartenant aux deux mondes pour lesquels l'a formé le créateur, l'homme enfin, qui ne remplit sa carrière, l'homme qui ne se comprend, avec toutes les énigmes qu'il porte dans son sein, qu'autant que l'avenir ennoblit son présent. La Providence le conduisit elle-même sur la voie de ces mystères. Qui, plus que lui, a été témoin de ces phénomènes psychiques si nouveaux et si merveilleux, que notre âge a tant débattus, que notre âge ne saurait encore expliquer, mais qui méritent au moins une appréciation d'autant plus religieuse, qu'ils semblent, dans l'homme ordinaire, révéler un homme si extraordinaire, et, attester, dans le monde terrestre, l'existence d'un monde si supérieur à nos conceptions vulgaires! Quelles convictions profondément religieuses, quelles vues élevées, quelle vie d'immortalité notre ami n'a-t-il pas puisées dans ses propres expériences sur un sujet si délicat!

Aussi a-t-il consacré à Dieu toute cette carrière que vient de trancher la mort, et qui était parée de tant de vertus.

Confrères du médecin dont ce cercueil renferme les restes mortels, je vous le demande, à vous, qui l'avez observé de si près, qui l'avez vu au lit de tant de malades, son dévouement n'a-t-il pas été remarqué dans vos rangs? Et vous, les représentans de tant de familles qui êtes ici rassemblés, ne lui devez-vous pas cet hommage unanime? Si les graves usages de ces lieux permettaient un libre cours à votre reconnaissance, de quels concerts d'éloges nous entendrions retentir cette enceinte! Et vous, ses amis les plus intimes, avez-vous jamais cherché ailleurs que dans ses sentiments religieux la source d'un dévouement si chrétien? Non jamais votre opinion n'a pu varier à cet égard! La religion seule a pu, par ses douces et puissantes inspirations, soutenir des efforts qu'il prodiguait avec un abandon si généreux. Oui, modeste mais illustre défunt, tu as su étonner des hommes qui savent aussi prodiguer les travaux, les talens, la vie. Tu les as surpassés dans cette admirable émulation! Ta famille pouvait te conduire auprès de ceux qui ont des trésors; tu as porté tes soins dans l'asile des orphelins, tu as visité les pauvres, tu les as attirés auprès de toi, tu leur as prodigué ta fortune avec tes derniers loisirs; et, cependant, ton immense charité n'a pu épuiser les dons que t'offraient les riches, qui bientôt rivalisèrent auprès de toi d'empressement avec les infortunés.

Les travaux d'une vocation souvent douloureuse et toujours fatigante n'ont pu suffire à l'ardente activité de notre ami. Il a consacré une partie de ses journées, si remplies, si souvent retenues par le malheur, à des associations de charité et à des fondations pieuses, appartenant à la fois à la cause triplement sainte de la religion, des lettres et de l'humanité. Dans ces sortes de conseils, ses avis ont toujours été recueillis avec une attention profonde; ils étaient donnés avec les lumières du sage et la piété du chrétien. Il a surtout concentré ses hautes pensées et ses pieuses tendances sur les intérêts de cette église; et souvent dans nos assemblées, il a été l'âme de nos délibérations les plus importantes.

D'ailleurs ses principes ne se renfermaient point dans l'enceinte d'un conseil. Il les portait dans sa vie; sa vie et sa foi furent toujours inséparables. C'est là ce qui lui a fait tant d'amis, ce qui rendait son amitié si sûre. En effet, de quelque bonheur, de quelque gloire que soient entourés tant d'autres de nos concitoyens, de quelque supériorité qu'ils jouissent sur lui, en est-il un

qui pût compter plus d'amis et des amis plus dé-
voués? La mort lui en avait enlevé de bien chers,
de bien précieux; elle lui en avait ravi deux qui
faisaient comme lui l'ornement de cette église. [1]
Et, malgré les pertes d'amis si chers, voyez dans
les rangs pressés autour de ce cercueil, quelle foule
il lui en restait encore! Et de quels tendres et pro-
fonds attachemens, de quels dévouemens respec-
tueux, de quelles délicatesses d'amitié n'a-t-il pas
été l'objet? O homme, que tant d'hommes ont
chéri, ont vénéré, si tu t'es sacrifié pour nous, la
reconnaissance a répondu à tes sacrifices; si ton
apparition parmi nous a fait honneur à l'humanité, les sentiments qu'on t'a voués font honneur
à toi et aux hommes; ta vie est un de ces rares
exemples qui attestent que de tout ce qui est dans
le monde, la vertu est encore ce qui obtient les
hommages les plus purs, les plus ingénieux, les
plus éclatans. Mais aussi, ta vie le prouve, la seule
vertu qui obtienne ces hommages, est celle qui
puise dans la religion ses inspirations les plus
sublimes.

Qu'elle est donc puissante cette religion à la-

---

[1] L'orateur entendait MM. Silbermann, membre-secrétaire
du Consistoire général, et l'un des anciens de l'église de
Saint-Thomas, et Emmerich, professeur à l'académie de Strasbourg, et prédicateur à la même église.

quelle tu as voué ta carrière; qui a répandu sur les épines que ton pied a rencontrées dans ce pélerinage, des fleurs si riches et si belles; qui t'a départi, à côté de quelques jours tristes et sombres, tant de jours éclairés par les rayons les plus doux; qui t'a donné, dans chacun de tes jours, ce calme que ne possède pas toujours la sagesse, que la religion n'a jamais refusé à ton cœur. Aussi la sérénité de ton âme ne s'est-elle jamais troublée; pour toi, au-dessus des émotions, des inquiétudes, des agitations humaines, planait la paix de Dieu; à contempler le spectacle de cette paix, on eût dit le sauveur étendant sa main toute puissante au-dessus des flots agités par l'orage.

La mort elle-même n'a pu troubler cette paix; elle était prévue avec tout ce qui la précède, tout ce qui la suit; elle était attendue avec une sorte d'impatience, comme une amie qui, d'un autre monde, vient briser des liens incommodes et délivrer un captif lassé d'une longue prison; aussi son arrivée n'a-t-elle pas été pour toi une surprise; tout était prêt. Il y a plus; au-delà du dernier battement de ton cœur, tu as prolongé tes délicates sollicitudes.

Mes frères, quelles belles leçons sortent d'une telle vie, d'une telle mort! quelle brillante image plane au-dessus de ce cercueil! Cette image, im-

mortel ami, est tout ce qui nous reste aujour-
d'hui d'une amitié si tendre ; mais elle sera im-
mortelle comme toi. Sans doute, c'est avec douleur
que nous remettons à la terre ce qui est à la terre ;
mais, nous le savons bien, ton âme est auprès du
créateur qui s'est plu à la former, à l'instruire,
à la parer de vertus, à la combler de bonheur ;
et, ainsi que nous allons suivre ta dépouille au
champ de son repos terrestre, nous suivrons un
jour ton âme aux champs du repos éternel.

A DIEU donc, tous, A DIEU, c'est le dernier
mot de l'amitié ; c'est le dernier mot de la religion.